Karin Steinhöfel und Petra Möller
In Memoriam

.

Karin Steinhöfel (Bilder)
& Petra Möller (Texte)

IN MEMORIAM

Kartendeck für Trauernde

Bücher haben feste Preise.
1. Auflage 2013

Karin Steinhöfel (Bilder) und Petra Möller (Texte)
In Memoriam

© Neue Erde GmbH 2013

Titelseite:
Bild: Karin Steinhöfel
Gestaltung: Dragon Design, GB

Satz und Gestaltung:
Dragon Design, GB
Gesetzt aus der Minion

Gesamtherstellung: Midas Printing, Hongkong
Printed in China

ISBN 978-3-89060-629-3

IRIS ist ein Imprint bei Neue Erde.

Neue Erde GmbH · Cecilienstr. 29
66111 Saarbrücken · Deutschland · Planet Erde
www.neue-erde.de

INHALT

Willkommen

Wir begrüßen dich herzlich und freuen uns, daß du dich auf die Reise durch dieses Buch und durch deine Gefühlswelten einläßt.

Daher möchten wir dir einen geschützten Rahmen bieten, in dem du dich verstanden und aufgehoben fühlst, denn wir wissen um deine momentane Empfindsamkeit. Also baten wir die »Kleine Trauerfrau«, dich zu begleiten. Sie ist es, die alle Landschaften und Orte der Trauer kennt und bereit ist, sie mit dir zu bereisen. Achtsam wie eine fürsorgliche Freundin wird sie dich in ihre Arme nehmen, deine Gefühle respektieren und deine Tränen in Perlen verwandeln.

Wir wünschen dir nun eine gute Reise!

Die kleine Trauerfrau stellt sich vor

Hallo, du liebes trauriges Menschenkind,

ich bin die kleine Trauerfrau. Vielleicht wunderst du dich, daß ich so klein, so weich, so unscheinbar bin?

Groß, hart und unbarmherzig werde ich nur dann, wenn du mich nicht sehen willst, wenn du vor mir flüchtest, mich verdrängst und ignorierst. Selbst das tue ich aus purer Liebe zu dir. Ich überrolle dich mit meiner ganzen Kraft, nur damit du mich endlich wahrnimmst.

Sobald du bereit bist, mich anzusehen, werde ich mich wieder in die kleine Trauerfrau zurückverwandeln, die deine Hand nimmt und voller Achtung zu dir aufblickt. Weil du so mutig bist, weil du endlich heil werden möchtest. Heilung ist möglich, auch wenn das Geschehene nun für immer ein Teil deines weiteren Lebens bleiben wird.

Ich lade dich ein, für eine Weile bei mir zu wohnen, dich von mir umsorgen zu lassen. Die Tür zu meinem Haus steht Tag und Nacht offen, und ich werde auf dich warten. Du bekommst von mir alles, was du brauchst. Gemeinsam können wir, in weiche Decken gehüllt, an meinem warmen Kachelofen sitzen, denn mir ist bewußt, wie oft die Kälte dich jetzt in deinem Innersten erschaudern läßt.

Bei mir duftet es nach frischem Tee, und von draußen dringt leise der Gesang der Vögel herein. Sie singen das Lied vom »Lebendigsein«. Ich weiß, wie schmerzhaft dies jetzt für dich klingen mag. Doch ich bin da, und wenn es dir zuviel wird, dann schließen wir Tür und Fensterläden, um beim Schein einer Kerze still oder sprechend zusammenzusein. Ich höre dir zu, wenn du reden möchtest, ohne das Gesagte zu beurteilen. Deinen Schmerz werde ich weder mildern noch wegzaubern, denn er ist es, der dich Stück für Stück heilt und ins Leben zurückträgt. Er darf sein! In stillen Stunden nehme ich dich in den Arm, damit deine Tränen ungehindert fließen dürfen – wie ein Strom, der ins offene Meer mündet. Weil ich um ihre Heilkraft weiß, werde ich nicht versuchen, sie zu trocknen.

Zusammen reisen wir durch die Zeit, sehen uns noch einmal all das genau an, was du mit diesem Menschen erlebt hast, der dir nun so sehr fehlt.

In deiner Erinnerung und in deinem Herzen erhalten wir auf diese Weise seine einzigartige Lebendigkeit.

Wahrscheinlich wirst du oft wütend sein, dann weinen und auch wieder lachen. So lange, bis das unendlich groß scheinende Leid sich ganz langsam in eine süße Traurigkeit verwandelt und damit in eine tiefe Dankbarkeit für die schönen gemeinsamen Momente, für das, was dieser Mensch an Spuren in dir hinterlassen hat. Und in ganz ferner Zeit hüllt die Dankbarkeit auch den Tod mit ein, weil du erkennst, wie wundervoll er auch dich verwandelt hat, weil er in eine Tiefgründigkeit führte, die du anders nie hättest erreichen können.

Eines Tages werde ich nicht mehr so oft wie sonst an deiner Seite sein. Und dennoch bleibe ich immer für dich erreichbar, denn Trauer verläuft niemals linear. Es kann sein, daß ich genau dann plötzlich vor dir stehe, wenn du von Herzen lachst, wenn dein Leben wieder scheinbar normal verläuft.

Schick mich nicht weg, ich bringe dir jedesmal ein Geschenk mit. Berührbarkeit, weil heute der Geburtstag oder der Todestag deines geliebten Menschen ist. Ein Lied im Radio, welches dir lachende Tränen entlockt. Erinnerungen, wenn du jemanden siehst, der deinem verstorbenen Menschen ähnlich sieht. Tränenströme, weil du beim Aufräumen einen persönlichen Gegenstand, ein Bild oder einen Brief findest.

Ich schenke dir Trost in Ritualen, die nur für dich bestimmt sind.

Jede Art von Traurigkeit hat einen tiefen Sinn, der sich dir eines Tages offenbaren wird. Dann verliert sie den Schrecken, dann ist die Dunkelheit nicht mehr furchteinflößend, sondern vermittelt dir Schutz und Geborgenheit, so wie damals, als du, der winzig kleine Embryo, in der warmen, dunklen Gebärmutter heranreiftest für dein so einzigartiges Erdenleben.

Mein liebes trauriges Menschenkind, so gerne möchte ich nun für dich Freundin und Begleiterin sein. Wie eine Mutter, die dich bedingungslos liebt – genau so wie du in jedem Moment bist. Ich reise mit dir durch alle Gefühlswelten, ohne dich zu verlieren. Und dennoch klammere ich mich nicht an dir fest. Sobald du gehen möchtest oder eine Pause brauchst, lasse ich dich frei; um dann mit offenen Armen und der gleichen Liebe wie heute für dich da zu sein, wenn du mich eines Tages wieder brauchst. Die Tür zu meinem Haus steht immer offen, du kannst eintreten, ohne zu klopfen. Wie immer werde ich am wärmenden Kachelofen sitzen und eine Decke für dich bereithalten. Es duftet nach Tee, und draußen singen die Vögel das Lied vom »Lebendigsein«.

Ich bin da, vollkommen präsent, ich bin ganz und gar bei dir!

Deine Freundin, die kleine Trauerfrau

Rituale

Trauer ist keine Krankheit, sondern ein Lebensabschnitt, den alle Menschen früher oder später einmal durchwandern müssen. Dennoch ist jeder Trauerfall natürlich individuell. Und es ist ein Unterschied, ob die 90-jährige Oma nach einem erfüllten Leben starb oder aber ein kleines Kind.

Doch hier geht es um keinerlei Wertung, sondern um Hilfestellungen, die dir diese schwere Zeit wenigstens für Momente erleichtern können. Aus eigener Erfahrung wissen wir um die Kraft der Rituale. Ein Ritual kann in stürmischen Zeiten das Gefühl von Sicherheit schaffen, weil es etwas Wiederkehrendes ist, etwas Verläßliches.

Sich diesen Raum, diese Sicherheit zu geben, ist nicht schwer und bedarf keiner großartigen Hilfsmittel. Es können ganz einfache Dinge sein. Zum Beispiel jeden Abend zur gleichen Zeit eine Kerze anzuzünden für den verstorbenen Menschen und ihm liebevolle Gedanken oder ein kleines Gebet zu schicken. Rituale müssen nicht unbedingt religiös sein, wichtig ist nur, daß du sie regelmäßig und aus vollem Herzen vollführst. Unser Kartenset könnte so ein Ritual für dich werden, wenn du es möchtest; ein Begleiter durch deine schwere Zeit, der deine Gefühle versteht und ausdrückt; zusammengetragen von uns, zwei Frauen, die tiefe Trauer selbst erlebt haben. Die genau wie du jetzt durch den Schmerz gingen, die Angst, Wut, Hoffnungslosigkeit und ohnmächtige Trauer fühlten. Jede auf ihre Weise und aus ihrer Geschichte heraus. In diesen Bildern und Texten haben wir das ausgedrückt, was wir uns damals, in unserer eigenen Trauerzeit, selbst gewünscht hätten. Jetzt möchten wir es weitergeben, damit du dich verstanden fühlst und Mut bekommst, deine einzigartige Trauergeschichte bewußt zu leben.

Dabei können Rituale helfen, und wir wünschen dir von Herzen, daß du beschützt und geliebt durch diese Zeit gehen kannst.

Tips zum Umgang mit diesem Karten-Set

Die Karten und Texte sind zwar in einer gewissen Reihenfolge geordnet, aber wir wissen aus unserer Erfahrung, daß Trauer niemals linear verläuft. Die Gefühle verlaufen kreuz und quer, sie lassen sich nicht bändigen. Das alles unterliegt zwar einer gewissen Ordnung, die wir aber mit dem Verstand nicht nachvollziehen können. Nur unser Herz versteht den Sinn dahinter und führt dich intuitiv zu der richtigen Karte im richtigen Moment. Wundere dich deshalb bitte nicht, wenn du an einem Tag vielleicht die Karte »Neugeburt« oder »Leben« ziehst und am nächsten Tag »Schmerz« oder »Wut«. Manche Karten werden sich womöglich auch häufiger wiederholen. Achte einmal darauf, wie sich dann deine Gefühle zu dieser Karte verändern. Dadurch lernst du dich und deine innere Welt immer besser kennen und achten. Doch nun einige Möglichkeiten zur Anwendung dieses Sets.

Die Tageskarte
Ziehe jeden Morgen intuitiv eine Karte, lasse dann das Bild auf dich wirken und lies im Anschluß das Gedicht und den Text der kleinen Trauerfrau in diesem Buch.

Du kannst die Karte auch den ganzen Tag bei dir tragen oder sie an einem für dich schönen und gut sichtbaren Platz aufstellen.

Die Karte als Notfall-Helfer

Wenn du dich besonders hilflos und verzweifelt fühlst, dann ziehe eine Karte.

Suche dir einen ruhigen, ungestörten Platz, lege die Karte auf dein Herz und laß die Energie des Bildes mit geschlossenen Augen für zehn Minuten oder länger wirken. So kannst du dir Linderung verschaffen.

Nacht-Ritual

Ziehe vor dem Einschlafen eine Karte, stelle sie auf deinen Nachttisch und bitte deine geistigen Helfer (z. B. Schutzengel) dir für die Situation, die auf der Karte beschrieben ist, Beistand oder Erkenntnisse zu senden; vielleicht auch über einen Traum.

Eine Karte als Glücksbringer oder Mutmacher

Wenn dir eine Karte besonders gefällt, dann nimm sie mit zu schwierigen Terminen oder führe sie bei Herausforderungen, die dir vielleicht Angst machen, bei dir.

Sie schenkt dir Kraft.

Natürlich sind das nur einige Beispiele zur Anwendung, und du kannst die Karten und Texte so für dich nutzen, wie es dir am besten gefällt. Deiner Kreativität sind in diesem Punkt keine Grenzen gesetzt.

Die Karten

1 · Warum

Ein Wort, bleischwer im Herzen schlägt,
wenn deine Seele Trauer trägt.
Im heißen Kopf es hämmert, es pulsiert,
während sonst alles in dir friert.

Warum? Wie mächtig ist dies Wort.
Warum bin ich noch hier und du bist dort?
Warum kann es nicht anders sein?
Ich fühl mich nur noch schwach und klein.

Warum darf ich den Sinn nicht sehen?
Warum kann keiner mich verstehen?
Mein Herz zerrissen, blutig wund,
vielleicht wird's niemals mehr gesund.

Dann irgendwann nach langer Zeit,
siehst du im Spiegel nicht mehr Leid.
Nur weise Reife, bunt vernarbt und schön,
die Augen leuchten voll Versteh'n.

Stehst stolz, so gerade, nicht mehr schwach und krumm.
Still lächelst du und sagst: *Darum!*

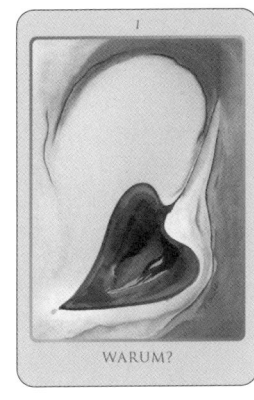

Die kleine Trauerfrau spricht:

Die Frage nach dem *Warum* ist sehr schmerzhaft, wenn ein geliebter Mensch geht. Du wirst sie dir immer wieder stellen in dieser, dich jetzt so aufwühlenden Zeit. Jedoch die Antwort darauf findest du mit großer Wahrscheinlichkeit erst viel später. Dann, wenn der Schmerz nicht mehr so groß ist. Wenn du mit Abstand auf all das blicken kannst. Wenn du dich selbst wieder spüren und die vielen Veränderungen sehen kannst, die in dir stattgefunden haben. Dann erkennst du, inwiefern es eine Zeit der Reife und der Neugeburt für dich war.

Eine Entwicklung, die nur du genauso beschritten hast.

Die Antwort auf die Frage nach dem *Warum* ist eine Frage der Zeit!

Dein Zaubersatz:
»Ich habe Geduld!«

2 · Kampf

Nein!
In dir schreit alles »Nein!«
Niemals kannst du es akzeptier'n,
daß man das Liebste dir genommen.
So hart ist dieses *Nein,*
so voller Krieg und Leid.
Und eine sanfte Stimme spricht,
sag »Ja«, laß los und laß dich ein.
Du spürst die Liebe, die den Schmerz
zwar weicher macht, doch schonungslos
reißt er dich in die Tiefe,
zerrissen bist auch du.
Hin und her, her und hin,
so schüttelt dich der Kampf,
ein Teil in dir will Krieg, will schreien,
will alles nur verneinen.
Der andere Teil weint sanft,
er möchte akzeptieren,
was nicht zu ändern ist.
Die Angst, dich darin zu verlieren,
macht dich fast wahnsinnig.
Doch führt der Weg genau da hin,
in dieses unbekannte *Ja.*
Komm, laß dich fallen,
laß dich ein,
nimm an, was dir geschah.
So bahnt die Heilung sich den Weg,
den allerersten Schritt.
Mit deinem *Ja* nimmt sie das *Nein*
ein Stück des Weges mit.

Die kleine Trauerfrau spricht:
Wie ist es, wenn du morgens aufwachst, noch liebevoll zuge-
deckt vom Vergessen der Nacht? Ein kurzes Gefühl, daß alles
gut ist, um dann mit deinem Tagesbewußtsein gnadenlos in
die Realität zurückzukehren? Ich fühle deine Zerrissenheit
mit dir. Ich fühle, wie oft dein Tag eine einzige Qual ist.
Wie du versuchst zu akzeptieren, was geschehen ist, während
dieser unglaubliche Schmerz dich zurück ins Nein spült, zurück in den Kampf. Er kostet dich so viel Energie. Glaube
mir, wenn du dich fallen läßt in den Schmerz, jedes Mal ein
kleines Stückchen mehr, dann lernst du es, dich einzulassen.
Und so kann die Annahme sich ganz langsam aber stetig den
Weg in dein Leben bahnen. Und in jedem Augenblick dieses
Einlassens darfst du wieder ein wenig entspannen und Kraft
schöpfen.

Dein Zaubersatz:
»**Ich sehe, was ist!**«

3 · Tränen

In endlosen Tränen die Angst sich ergießt,
weil's Leben langsam aus dir fließt.
»Wie lange noch?« schreist du vor Schmerz,
im Wunsch, daß stille schweigt dein Herz.
In dieser ach so großen Not,
wie gerne wärst auch du jetzt tot.

Bist du noch da? An welchem Ort?
Die Tränen spülen alles fort.
Sie machen müde dich, zerrissen,
sie nehmen fort dir jedes Wissen.
Doch unentdeckt die Hoffnung wächst,
während im Meer du dich versteckst.

Denn auf den tiefsten Meeresgrund,
sinkt jede Träne, Stund um Stund.
Verwandelt sich in Zeit und Raum,
zur Perle wie in einem Traum.
Dank diesem Schatz darfst du es endlich sehen:
Dein Schmerz ist nicht umsonst geschehen.

Die kleine Trauerfrau spricht:
Ich freue mich so sehr über deine Tränen.

In diesem Moment kannst du es selbst noch nicht erahnen, welche Heilkraft sie besitzen. Du möchtest sie schnellstmöglich trocknen, und vielleicht versuchen dies auch die Menschen in deinem Umfeld, weil es ihnen unangenehm ist, durch deine Tränen ihren eigenen Schmerz fühlen zu müssen. Schämst du dich für deine Tränen und wenn ja, warum? Ich sage dir, daß deine Tränen Heilung bedeuten, daß sie den Schmerz tragen und fortspülen wie in einem reißenden Strom, der ins Meer mündet: ins Meer der Erkenntnis. Erlaube dir, aus Trauer und auch aus deiner Berührung heraus zu weinen und, wenn es dir gut tut, auch laut dabei zu schreien. Höre nicht auf andere, die ablenken und verdrängen wollen. Suche dir Orte und Menschen, die deine Tränen aushalten.

Weinen ist gesund, es reinigt, es macht müde und läßt dich in einen erholsamen tiefen Schlaf fallen.

Dein Zaubersatz:
»**Ich darf weinen!**«

4 · Rückzug

Stör mich nicht mit vielen Worten,
laß mir meinen Schmerz und geh.
Will eingebettet, traurig bleiben,
reiß mich nicht raus, das tut mir weh!

Ich lieb dich sehr, doch jetzt und hier,
will ich alleine für mich sein,
mit meinen Tränen, meiner Angst,
im Raum der Trauer, still und rein.

Ich weiß wie hilflos du jetzt bist,
doch glaube mir, das bin auch ich.
Muß für mich sorgen, trauern, schrei'n,
scheint's dir auch noch so fürchterlich.

Wenn viele Tränen sind geflossen,
dann komm ich von allein zurück,
kann mit dir weinen, wieder lachen
und der Verlust heilt Stück für Stück.

Nun bitte ich von Herzen dich:
Laß mich in Liebe los für eine Weile,
daß ich auf *meine* Weise heile!

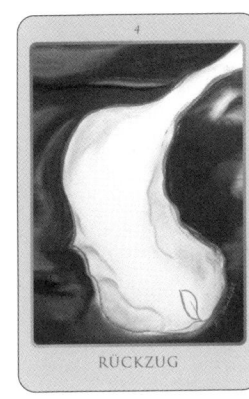

Die kleine Trauerfrau spricht:
Wärst du manchmal gerne eine Zeitlang nur für dich? Sind dann deine Lieben, die sich jetzt um dich kümmern, beunruhigt? Bestimmt haben sie Angst, dich alleine zu lassen. Vielleicht versuchen sie auch, dich aus ihrer eigenen Hilflosigkeit heraus zu Unternehmungen zu überreden oder mit anderen Dingen abzulenken.

Wenn es dein tiefer Wunsch ist, alleine zu sein, dann erfülle ihn dir. Es ist jetzt so wichtig, daß du immer wieder neu in dich hineinhörst, was dir gut tut. Versuche, deiner Familie und Freunden die Wahrheit über deine Gefühle und Wünsche zu sagen, ohne sie zu verletzen. Erkläre ihnen aus deiner Sicht, wie wichtig die Zeit des Alleinseins für dich ist. Nimm ihnen eventuell auch die Angst, daß du dir etwas antun könntest.

Und wenn du befürchtest, nicht die richtigen Worte zu finden, dann schreibe einfach das Gedicht zu dieser Karte ab und schenke es deinen Lieben. Ich bin sicher, sie werden dich verstehen!

Dein Zaubersatz:
»Ich höre auf mich.«

5 · Sinnlosigkeit

Träge schleppt sich der Tag dahin,
blutleer, gedankenlos ...
vollkommen sinnlos.
Nichts ist mehr da, kein Gefühl,
außer dieser Sinnlosigkeit.
Sie lähmt, sie macht stumpf
und es gibt nichts in ihr zu tun.
Sie macht sinnlos auch die Zeit
und du hast das Gefühl,
daß es nie aufhören wird,
so zu sein, so sinnlos.
Nie mehr Freude, nie mehr Schmerz,
nie mehr irgendein Gefühl
außer dieser Sinnlosigkeit.
Macht Sinnlosigkeit Sinn?
Vielleicht ... denn sie führt ins Nichts.
In diesem Nichts kann Neues wachsen.
Sinnlosigkeit ernüchtert gnadenlos,
so verbrennt sie alles Alte,
emotionslos, frei von Gedanken.
Sinnlosigkeit ist getarnte Regeneration.
Laß sie zu, dann läßt sie dich wieder gehen,
in eine neue Kraft mit neuem Sinn.

SINNLOSIGKEIT

Die kleine Trauerfrau spricht:

Bist du gerade an einem Punkt angelangt, an dem es scheint, als sei dein ganzes Leben komplett zusammengebrochen? Lauter völlig zerstörte Trümmer eines alten, schönen Lebens lassen einen Neuaufbau sinnlos erscheinen, denn du weißt, daß nichts mehr so werden kann wie damals. Diese Sinnlosigkeit gibt dir das Gefühl, nicht mehr in der Zeit zu sein. Sie nimmt den ganzen Raum ein und erscheint unabänderlich.

Ein Neuanfang kommt dir nicht nur sinnlos, sondern auch viel zu schwer, zu anstrengend vor. Ich bitte dich darum, still zu sein in dieser Zeit. Quäle dich nicht mit unnötigen Aktivitäten. Das Gefühl der Sinnlosigkeit ist eine Heilreaktion, eine Regeneration deiner bisher so aufgewühlten Emotionen.

Wenn du wieder genug Kräfte gesammelt hast, dann verschwindet auch die Sinnlosigkeit und läßt dich mit vielen gut dosierten Hoffnungsfünkchen nach vorne schauen.

Dein Zaubersatz:
»Ich bin da.«

6 · Schutz

Nirgendwo ist mehr Heimat
außer in mir, in diesem Kokon aus Stille.
Nebel umhüllt die erdige Klarheit,
nicht um sie zu verschleiern,
sondern zu schützen vor der Illusion.
Ich bleibe tief versunken
im Nebel der Stille,
bewegungslos verbunden mit der Erde.
Ihr Herbst wärmt mich.
In dem Laub der Vergänglichkeit
bin ich Eins mit ihr.
Weich gebettete Traurigkeit,
inneres Sehen
läßt alles rundherum sterben.
Kein Außen mehr, nur ein stilles Ich
im schützenden Nebel,
vertieft in ein Meer aus Herbst.
Ein Licht singt aus der Seele
das Lied der Dunkelheit.

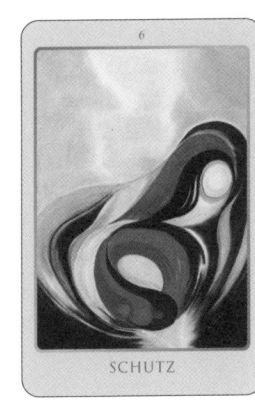

Die kleine Trauerfrau spricht:

Es ist in Ordnung, daß du jetzt so dünnhäutig bist. Überfordere dich nicht, verlange nicht zu viel »Normal-Sein« von dir. Nichts ist in Zeiten der Trauer normal. Überlege genau, wem oder was du dich im Außen aussetzt. Ich weiß, wie anstrengend Besuche sind, Ausflüge, das Lachen, die Normalität. Es tut dir weh! Ziehe dich, wann immer du es für richtig hältst, zurück. Vielleicht magst du in deiner Wohnung oder einem bestimmten Zimmer eine Art Schutzhöhle einrichten, in der du ungestört sein kannst und wo niemand außer dir Zutritt hat; wo du viel Zeit mit Ritualen, ungestörtem Weinen, Erinnerungen und anderen dir wichtigen Dingen verbringen kannst. Schutz bedeutet aber auch, daß du das Recht hast, dir im Außen Masken aufzusetzen, die deinen inneren Raum heiligen und schützen. (Aber vergiß bitte nicht, sie später wieder abzulegen.) Du zeigst deine Verletzlichkeit in deinem für dich erträglichen Maß.

Dein Zaubersatz:
»Ich bin sicher.«

7 · Verlorenheit

Still saß die Prinzessin und weinte,
beweinte ihre eigene Verlorenheit,
die sich für Augenblicke zeigte.
Sie weinte,
weil sie leer geworden war,
zur Verlorenheit selbst.

Ein Gefäß, geleert bis zum Grund,
die Wände aus durchsichtigem Glas.
Ihre eigenen Tränen weinte sie dort hinein.
Ohne Hoffnung, es je füllen zu können.
Unsichtbare Hände halten das Gläserne,
bis in alle Ewigkeit.
In dieser unendlichen Verlorenheit,
beweinte sie ihre ohnmächtig gewordene Liebe.

So gebar sich ihr wahres Wesen,
von niemandem erkannt,
Ahnung nur in weichen Schwingen.
Zart schwebend über der Welt,
durchdrungen von allem,
frei zu sein,
inmitten der Verlorenheit.

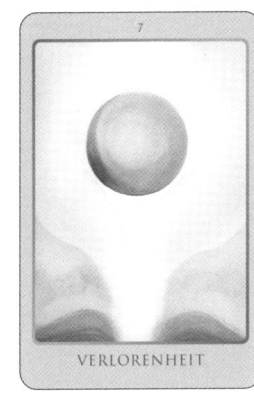

Die kleine Trauerfrau spricht:
Fühlst du dich manchmal, als ob du vollkommen alleine durch das Weltall schwebst? Keine Wurzeln mehr, keinen Boden unter den Füßen? Dieses Gefühl von »Verlorensein« ist sehr intensiv, es fühlt sich auch anders an als Einsamkeit. Jeglicher Halt ist fort, du schwebst verloren durch eine dir so fremd gewordene Welt. Doch auch dieser Zustand hat einen tieferen Sinn. Ganz unbemerkt und mit zeitlichem Abstand verwandelt er sich in die Fähigkeit, über den Dingen zu stehen. Und damit meine ich keine Überheblichkeit, sondern deine neue Art, das Geschehene aus einer Perspektive mit mehr Weite zu sehen; so als säßest du in einem Flugzeug, betrachtetest die Welt als Ganzes und mit mehr Abstand. Nun kannst du auch Zusammenhänge besser erkennen und verstehen.

Die Verlorenheit ist eine Übung, um wieder fliegen zu lernen.

Dein Zaubersatz:
»Ich bin frei.«

8 · Wut

Wut in mir,
lodernd, rot, voller Kraft.
Zuerst war da Angst, alte Angst.
Alte Stimmen, die mir sagten,
daß es falsch ist, wütend zu sein,
erst recht auf einen Toten.
Aber ich bin wütend,
Wut ist überall in mir.
Ich hasse dich für deinen Tod,
ich hasse dich, weil du mich verlassen hast.
Und ich hasse dich besonders deshalb,
weil ich dich so unendlich liebe!
Jetzt bist du weg, und mir bleibt nur noch diese Wut.
Sie ist das einzig Lebendige in mir,
in genau diesem Moment.
Ich lasse sie brüllen, die Wut,
damit die alten Stimmen untergeh'n.
Ich will nicht mehr auf sie hören,
ich will nur noch auf mich hören.
Und *ich will* wütend sein, jetzt.
Damit ich mein Blut rauschen,
mein Herz schlagen höre.
Damit ich das Leben spüre.
Wut tut gut!

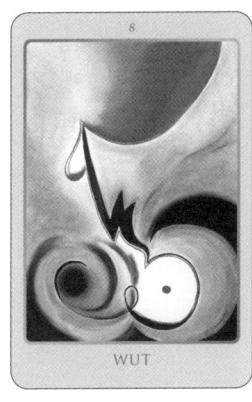

Die kleine Trauerfrau spricht:

Versteckst du deine Wut? Schämst du dich dafür? Glaube mir, nichts macht kranker als unterdrückte Wut. Denn sie ist berechtigt und möchte ausgedrückt werden, so wie jedes andere Gefühl auch. Verdrängst du die Wut, dann bleibt sie dir erhalten und zeigt sich ausbruchartig in den unmöglichsten Situationen. Oder sie tarnt sich, überlagert sich mit Angst und erwächst eines Tages zu einem Magengeschwür oder anderen körperlichen Krankheiten.

Vielleicht möchtest du dein Umfeld nicht mit deiner Wut belasten und hast Angst, deine Lieben zu überfordern oder zu erschrecken. Dann suche dir Hilfe. Finde einen Trauerbegleiter, eine Therapeutin oder eine Selbsthilfegruppe. Professionelle Helfer kennen diese Form von Wut und können damit umgehen. Dort kannst du alles herauslassen und bekommst Unterstützung.

Dein Zaubersatz:
»**Meine Wut darf sein.**«

9 · Akzeptanz

Ja, ich nehme an.
Ich akzeptiere deinen Tod,
dein Nicht-mehr-hier-Sein,
dein Dort-Sein.
Ich akzeptiere dich in dieser neuen,
für mich noch unerreichbaren Form.
Ich habe aufgehört zu kämpfen,
weil dieser Kampf gegen Unabänderliches
mich fast zerstörte.
Ich nehme an, was noch da ist:
mich und mein Leben.
In dieser Akzeptanz fühle ich mich wieder.
Ganz neu und unbekannt,
fast ein wenig fremd.
Weicher, liebender, wissender
und tiefer als je zuvor,
hat dein Tod mich geformt.
Die Annahme gibt mir Frieden.
Ja, ich akzeptiere,
deinen Tod und mein Leben,
den Kreislauf der Natur, das Ewige.
Ich akzeptiere den ständigen Wandel,
die Formen und das Formlose.
In meiner Liebe zu dir ist Annahme möglich.

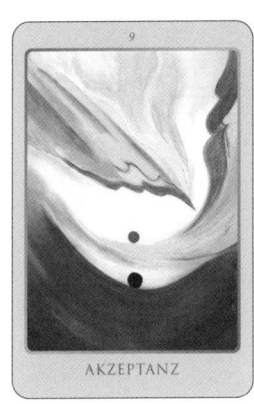

Die kleine Trauerfrau spricht:

Mit deiner Akzeptanz dessen, was geschehen ist, hast du nun einen großen Schritt gemacht. Du kämpfst nicht mehr gegen Windmühlen an, gegen etwas, was unabänderlich ist. Dies bedeutet nicht das Ende der Trauer, aber du wirst nun fließender sein in deiner Traurigkeit, deinem Schmerz, in deinen Tränen. Der Stau des »Nicht-akzeptieren-Wollens« ist gelöst, und so können aufsteigende Gefühle wieder frei fließen, letztendlich abfließen. Dadurch löst sich auch die Verwirrung, und du kannst klarer sehen, wo du stehst und wo der Mensch steht, den du verloren hast: jeder auf seiner Ebene. Wenn du magst, dann gehe oft in die Natur, beobachte den Rhythmus, die Ordnung, die allem innewohnt. Beobachte die Jahreszeiten. Werden und Vergehen … nirgendwo kannst du es besser erkennen und annehmen als draußen in der freien Natur.

Dein Zaubersatz:
»Ich akzeptiere das Unabänderliche.«

10 · Schuld

Die Sonne scheint, du atmest tief
den Frühling ein,
seit langem wieder froh.
Da löscht die schwarze Wolke »Schuld«
den hellen Glanz aus, einfach so.
Der Mensch, den du gerad' sehr betrauerst,
der kann die Sonne nie mehr sehen,
nicht mehr den Frühling riechen,
nein, er kann,
in dunkler Erde nur vergehen.

Neulich, wie hast du da gelacht,
mit deinen Freunden, herzlich, laut,
da kam die schwarze Spinne »Schuld«,
hat all die Freude dir verbaut.
Glaubst du, du darfst nun nie mehr lachen?
Dein Leben Trauer? Stund um Stund?
Nein, denn die Schuld kennt keinen Kläger,
außer dir selbst…
Du bist der Grund.

Erkenn' die Schuld als Teil von dir,
das nächste Mal, wenn du dich freust.
Sie ist nur Schatten, ein Gespenst,
das gerne Kummer streut.
Stell' sie ins Licht und schau sie an,
ein Wunder wird gescheh'n.
Im hellen Licht löst sie sich auf
und du kannst weitergeh'n.

SCHULD

Die kleine Trauerfrau spricht:
Die Schuld hat viele Gesichter. Hier und jetzt geht es um die Form von Schuld, die tief in dir sitzt und versucht, deine Heilung zu boykottieren. Sie redet dir ein schlechtes Gewissen ein, wenn du dich endlich wieder einmal freuen oder etwas genießen kannst. Sie redet dir auch ein, daß andere Leute komisch gucken könnten oder sich gar von dir abwenden, wenn du lachst. Schließlich mußt du doch trauern – da gibt es nichts zu lachen! Ich wünsche dir, daß du nicht darauf hörst, daß du dieses Schuldgespenst erkennst und somit aus dem Reich der Schatten ins Licht beförderst. Im Licht ist Schuld machtlos und alles andere als furchteinflößend. Befreie dich selbst, lebe authentisch alle deine Gefühle. Du brauchst es niemandem recht zu machen außer dir selbst. Übertrete alle Gesetze, die alt und verstaubt sind, die dir in deinem Heilungsprozeß nicht dienlich sind. Was soll, was muß, was darf … das ist ganz allein deine ureigene Entscheidung.

Dein Zaubersatz:
»Mir darf es gutgehen.«

11 · Engel

Wahre Engel helfen leise,
daran erkennst du sie.
Denn Engel scheuen lautes Lärmen,
stör'n deine Trauer nie.
Sie lieben nur, verstehen still.
Applaus, den brauchen Engel nicht.
Und manches Mal streicheln sie sanft
dein weinendes Gesicht.
Engel stellen sonntags oft
leis' einen Kuchen vor die Tür,
fühlen deine Einsamkeit
an solchen Tagen tief mit dir.
Engel putzen auch dein Zimmer,
wenn du spazierengehst.
Der Alltag ist für dich viel schlimmer
als früher, und das wissen sie.
Sie seh'n die Stärke stets in dir,
indem sie deine Schwäche achten.
Während – selbst hilflos – viele Menschen
ein Opfer aus dir machten.

Die Engel mit und ohne Flügel,
verstehen deinen Schmerz,
denn einst in längst vergang'nen Tagen,
war Trauer auch in ihrem Herz!

II

ENGEL

Die kleine Trauerfrau spricht:

Engel gibt es nicht nur in himmlischen Sphären, nein, sie sind auch mitten unter uns, als Menschen verkleidet. Es ist schwer, sie zu erkennen, weil sie so still und unscheinbar sind. Es sind nicht die Menschen, die dich bei der Trauerfeier laut und wortreich mit Floskeln und Versprechungen überschütteten. Es sind auch nicht die, die dir alles abnehmen, dich mit allerlei Wohlgemeintem überfordern, dich entmündigen. Sie verbergen damit nur ihre eigene Angst.

Engel, das sind die Menschen, die genau fühlen, was du jetzt brauchst. Sie drängen sich nicht auf, weil sie verstehen. Sie haben es selbst erlebt. Vielleicht achtest du einmal auf die kleinen, leisen Gesten der Hilfe. Sie sind leicht zu übersehen, wenn dein Leid so unendlich groß ist. Doch erkennst du sie, dann spürst du auch die bedingungslose Liebe dahinter. Dann öffnet sich dein Herz wieder ein Stück. Diese einfachen, stillen Engel erleichtern dir die ersten Schritte zurück ins Leben. Sie schaffen Vertrauen, weil sie dich achten.

Dein Zaubersatz:
»Ich sehe die Liebe.«

12 · Trost

Durch das Tor der Einsamkeit
weht ein leiser Hauch hinein,
wird stärker, landet mit der Zeit,
füllt aus den Raum mit seinem Sein.

Es ist der Trost, der warm umschlingt
dein Herz, das stumm vor Weh.
Es ist der Trost, der Hoffnung bringt,
die erste Spur im Schnee.

Trost liegt im Leben, das du fliehst,
du wagst dich nicht hinaus.
Wenn du das Treiben draußen siehst,
erfüllt es dich mit Graus.

Drum kommt der Trost ganz mutig nun,
direkt durch deine Tür,
bringt Worte, Gesten, wird nicht ruh'n
und fordert nichts dafür.

In deinem Tempo, Schritt für Schritt,
hilft er ins Leben dir zurück.

12

TROST

Die kleine Trauerfrau spricht:
Bist du einsam? Hast du Sehnsucht nach Gesellschaft, magst aber nicht nach draußen gehen? Die Sonne ist dir noch zu grell, die Menschen zu laut, zu lebendig. Stell dir vor, in so einer Situation klingelt es plötzlich an der Tür. Du öffnest, und da stehen lächelnd deine besten Freunde mit einem Kuchenpaket und einer Thermoskanne Kaffee. Sie haben keine Angst vor deinen Tränen, sie vermissen deinen verstorbenen Menschen auch und gemeinsam könnt ihr in Erinnerungen schwelgen, weinen und lachen. Deine Freunde töten diesen Menschen nicht noch einmal durch Totschweigen, sie lassen ihn wieder lebendig werden in der Kraft der Erinnerung. Du darfst reden, ohne daß sie betroffen schweigen. Solche Besuche schenken dir Kraft. Sei mutig und kommuniziere deine Wünsche nach Kontakt. Nicht alle Freunde wissen, was dir hilft, deshalb ist es wichtig, alles auszusprechen. Das nimmt euch die Unsicherheit, es schafft Klarheit auf beiden Seiten, und du darfst dich endlich fallenlassen in die Geborgenheit von echtem Trost.

Dein Zaubersatz:
»Ich teile meine Wünsche mit.«

13 · Heilung

Heilung heißt nicht,
ohne Trauer zu sein.
Heilung heißt nicht,
ohne Schmerz zu sein.
Heilung bedeutet,
Trauer und Schmerz zu achten,
sie bewußt wahrzunehmen,
ihnen Raum zu geben,
dir selbst Raum und Stille zu geben.
Heilung bedeutet
Zulassen und Annehmen,
dich einzulassen auf alle Gefühle.
Freude genauso wie Schmerz, Trauer, Wut,
denn alles tanzt in der Zeit.
Heilung ist das sanfte Lächeln
des Mitgefühls für dich selbst,
ein Geschenk an deine Tränen.
Heilung ist das Aufatmen der Seele,
wenn du dich lebst
mit all den aufsteigenden Gefühlen,
den glitzernden Tränen,
die gesehen werden wollen,
ungeachtet des Außen,
was soll oder muß.

Heilung heißt lebendig sein!

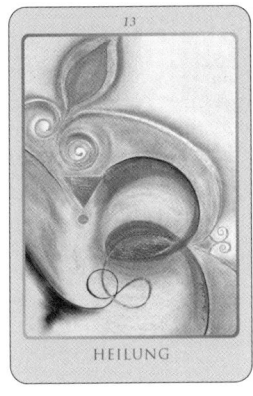

HEILUNG

Die kleine Trauerfrau spricht:

Heilung beginnt in dem Augenblick deiner Annahme des Geschehenen. Denn dann spürst du wieder, daß du noch da bist. Während du dich vorher verzweifelt im Kampf verlorst, so wendest du dich nun wieder dir selbst zu, und das ist gut so. Heilung ist kein Endergebnis, Heilung ist ein Weg, der zum Heil-Sein führt. Gehe jeden Schritt dieses Weges so bewußt wie möglich, dann kannst du erkennen, wie alles im Fluß ist. Flüchte nicht, wenn sich die Trauer wieder zeigt, nimm dir Zeit, um deinen Gefühlen Raum zu geben. Ich weiß, wie viel Angst Trauer und Schmerz auslösen können. Dann möchtest du fortlaufen, ablenken. Jedoch mit jeder Stunde, die du dich deinen Gefühlen bewußt widmest, schwindet auch diese Angst. Weil du dann Heilung spürst, weil du dann jeden Schritt auf diesem Weg annehmen kannst. Weil genau dieser Weg zurück in dein Leben führt.

Dein Zaubersatz:
»Ich heile bewußt.«

14 · Sehnsucht

Gedanken fliegen in die Ferne,
in eine längst vergangene Zeit.
Verklärt, vergoldet, voller Sterne,
machen das Herz dir warm und weit.
Ein Gefühl, das nicht von Dauer,
kurzer Trost durch Illusion.
Schmerz, er liegt längst auf der Lauer,
killt Sehnsuchtsträume voller Hohn.
Sehnsucht nach dem alten Leben,
läßt zu, daß du dem *Jetzt* entrinnst,
und während Spinnen Träume weben,
lebst du von diesem Traumgespinst.
Im Schmerz der Hoffnungslosigkeit
läßt Sehnsucht sich bald wandeln.
Holt sie zurück in deine Zeit,
um mit dir zu verhandeln.
Sehnsucht nach ganz neuem Leben,
schenkt dir die Kraft der Gegenwart,
dich aus dem Dunkel zu erheben,
dem Lichte wieder zuzustreben,
ein neues Netz für dich zu weben,
die Sehnsucht flüstert:
Lebe… leben…

Die kleine Trauerfrau spricht:

Bittersüße Wehmut zerreißt dir wahrscheinlich oft das Herz. Sehnsucht, die zurückfliegt in eine Zeit, als alles in deinem Leben in Ordnung und der Mensch, der nun für immer gegangen ist, noch an deiner Seite war.

Sehnsucht nach Erinnerung… immer wieder. Du träumst dich zurück und findest in diesen Träumen für kurze Zeit Frieden. Laß dir diese Träume, diese Sehnsucht nicht ausreden. Lebe sie, solange sie dir helfen. Sie haben einen Sinn und sind wichtig auf dem Weg der Heilung. Sehnsuchtsträume entspannen dich, und du darfst für einige Zeit der Wirklichkeit entfliehen. Diese Zeit ist wie ein Pflaster auf der blutenden Wunde.

Und eines Tages, wenn die Zeit reif ist, dann spürst du von selbst, daß die Sehnsucht sich schon hin und wieder ändert. Dann springt sie immer häufiger von der Vergangenheit in die Zukunft – auf ganz natürliche Weise. Nun bezieht sie sich auf dein neues Leben und öffnet dich für den Fluß der Veränderung.

Dein Zaubersatz:
»Ich folge meiner Sehnsucht.«

15 · Geborgenheit

Weit ab vom Lärm der Welt,
ganz tief in deiner Einsamkeit,
zwischen Liebe, Trauer, Leid,
da ruht sie, die Geborgenheit.
In deinen sehnsuchtsvollen Träumen,
wo er noch immer bei dir ist,
hüllt sie dich ein mit weichen Tränen,
für deinen Menschen, den du so vermißt.
Geborgenheit, sie ist auch dort,
bei Freunden, die dich blind versteh'n,
die dich trotz aller Emotionen,
in deiner ganzen Schönheit seh'n.
Und tief, so tief in deiner Seele,
lebt die Geborgenheit in dir.
Ziehst du zurück dich in die Stille,
öffnet sie gerne ihre Tür.
Du schlüpfst hinein, dort ist der Mensch,
den du verlorst mit so viel Schmerzen.
Er ist nicht fort, er ist in dir,
lebt weiter nun in deinem Herzen.

Sanft lächelt die Geborgenheit,
für sie gibt's weder Tod noch Zeit.

Die kleine Trauerfrau spricht:

Es ist nicht leicht, Geborgenheit zu empfinden, wenn man sich alleine fühlt. Dennoch ist es möglich, wenn du genau in dich hineinhörst. Igele dich ein, wann immer dir danach zumute ist, und höre auf zu funktionieren. Versuche, dir selbst zu geben, was du momentan von keinem anderen bekommen kannst. Manchmal ist es nur eine Schüssel Grießbrei, die dich an kuschelige Momente deiner Kindheit erinnert und dir auf diese Weise ein Geborgenheitsgefühl schenkt.

Aber auch ganz verrückte Ideen können auftauchen. Hinterfrage sie nicht, scheuche sie nicht weg, sondern tue einfach, was sich zeigt. Ganz gleich, ob andere es verstehen, ganz gleich, ob du es selbst verstehst. Alles, was dir jetzt gut tut, ist erlaubt.

Baue dir selbst ein Nest, voller Wärme und Schutz. Genieße es alleine oder mit verständnisvollen Menschen.

Dein Zaubersatz:
»Ich tue mir gut.«

16 · Loslassen

Gestern fand ich eine Feder,
sie lag direkt vor meiner Tür,
weiß, zart, ein Hauch von Nichts,
und ich wußte, sie kam als Zeichen von dir.
Ich nahm sie mit mir,
verstand deinen Wunsch.
Es ist Zeit!
Zeit, dich loszulassen,
dich dem Wind zu übergeben.
Ich gebe dich frei, ohne dich zu vergessen.
Ich gebe dich frei, beschenke mich mit Erinnerung.
Ich gebe dich frei und lasse all die Liebe,
die uns verband, frei fließen.
Loslassen bedeutet Freiheit,
für dich und für mich,
jedoch ohne uns ganz zu verlieren.
Loslassen bedeutet Hingabe,
an den natürlichen Fluß von Leben und Tod,
an Zyklen, an die unendliche Liebe.
Behutsam lege ich die Feder
draußen auf das Fensterbrett,
warte auf meinen Freund, den Wind.
Schaue zu, wie er die Feder mit sich nimmt,
sie trägt, genauso wie auch dich.
Ich fließe mit meinen Tränen,
ich fließe in meiner Liebe,
bin eins mit dir, dem Leben, dem Tod.
Loslassen verbindet!

Die kleine Trauerfrau spricht:
Dieser Prozeß kann gerade am Anfang unendlich viel Angst hervorrufen. Du wehrst dich dagegen, deinen geliebten Menschen loszulassen. Die Angst, alles zu vergessen, womöglich nicht einmal mehr die Erinnerungen zu haben, ist mächtig.

Gerade diese Erinnerungen sind doch das einzige, was dir geblieben ist. Wie sah der Mensch aus, wie roch er, wie klang seine Stimme? In dieser Angst möchtest du auf keinen Fall loslassen, du wünschst dir so sehnlich, deinen Menschen nur noch einmal lebendig zu sehen. Doch glaub mir: Das Loslassen bezieht sich immer nur auf das Unabänderliche; auf die Tatsache, daß der Körper gestorben ist. Etwas, das nicht mehr existiert, läßt sich nicht festhalten. Doch deine Erinnerungen verschwinden nicht, sie verwandeln sich höchstens, wenn du losläßt. Sie werden weicher, weniger schmerzhaft.

Alles, was du jetzt brauchst, ist Zeit. Loslassen geschieht langsam, deshalb überfordere dich nicht. Du allein bestimmst darüber!

Dein Zaubersatz:
»Ich traue mich loszulassen.«

17 · Einlassen

Du bist allein!
Was jetzt?
Die Trauer-Dämonen sind fort,
sie haben sich aufgelöst.
Sind verschwunden wie von Zauberhand,
als hätte es sie nie gegeben.
Leere um dich herum,
Leere in dir,
Leere überall.

Kein Wissen, wie es sein wird
mit dem Alleinsein.
Aber du läßt dich ein
auf alles.
Einlassen, es macht dich still.
Einlassen und Stille,
sie werden *eins* in dir,
voll unendlicher Kraft und Mut
dir selbst zu begegnen.

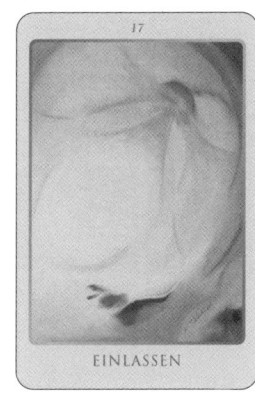

EINLASSEN

Die kleine Trauerfrau spricht:

In dir ist wieder mehr Ruhe eingekehrt. Der große Schmerz hat sich gelegt, das Durcheinander der Gefühle hat sich in Schweigen verwandelt. Macht dir das manchmal Angst? Fühlst du dich verunsichert? Vielleicht kommt es dir jetzt so vor, als ob ein weißes, weites Feld vor dir liegt. Und du hast keine Ahnung, was dich jetzt erwartet. Einsamkeit? Wie soll dein Leben jetzt weitergehen, sich gestalten? All diese Fragen bleiben in dieser Leere unbeantwortet.

Zerbrich dir nicht den Kopf. Im Moment ist der Verstand nicht gefragt. Laß diese Leere und Stille einfach zu, laß dich ein auf das Unbekannte, noch nicht Sichtbare. Leere ist nichts Bedrohliches, sondern oft der erste Schritt vom Kopf ins Herz. Vertraue darauf, daß du getragen bist. Alles weitere wird sich ergeben, wie von zarter Hand geführt.

Dein Zauberspruch:
»Ich vertraue.«

18 · Aufbruch

Leise gehst du auf die Reise,
ein Schiff, es trägt dich fort.
Und auf sanft geführte Weise,
bringt es dich an deinen Ort.
In die von dir erträumte Ferne,
die fern doch jedes Traumes liegt.
Als Kompaß dienen dir die Sterne,
die Lust auf Leben hat gesiegt.

Kein grauer Dunst am Himmelszelt,
gewichen wie dein Leid.
Und all die Fröhlichkeit der Welt,
sie macht dein Herz dir weit.
Die Zeit nahm sich der Trauer an,
nahm Wut mit, Angst und Schuld.
Und während langsam sie verrann,
dein Herz blieb voll Geduld.

Heut spricht dein Herz mit lautem Beben:
Komm! Laß uns endlich wieder leben!

18

AUFBRUCH

Die kleine Trauerfrau spricht:
»Das Leben geht weiter.« Wie oft mußtest du dir diesen Satz
wohl anhören in der letzten Zeit? Und doch spürst du jetzt
vielleicht gerade ein kleines bißchen Lust, wieder hinauszugehen in dieses immer voranschreitende Leben, das für dich
so lange stillzustehen schien. Bist du unsicher? Hast du
Angst, wie andere auf dich reagieren könnten? Angst, dich
erklären zu müssen und dann zu versagen? Achte deine
Empfindlichkeit, denn sie ist dein Maßstab, inwieweit das
normale Leben für dich schon auszuhalten ist. Wage den
ersten Schritt und dann gehe. Vielleicht ganz langsam, du
hast alle Zeit der Welt. Gehe nur so weit, wie es sich gut für
dich anfühlt. Und scheue dich nicht, liebe Menschen um
Hilfe zu bitten, wenn du Angst hast. Begleitung kann dich
sicherer machen in dieser Aufbruch-Zeit.

Dein Zaubersatz:
»Ich möchte sicher gehen.«

19 · Neugeburt

Da bist du!
Verwandelt, geschlüpft,
in neuem Kleid,
aus dem schützenden Kokon der Trauer.
Zaghaft, ängstlich, fremd
siehst du noch nicht deine neue Farbenpracht,
deine Flügel, so leuchtend und schön.

Weites Feld,
von niemandem begangen.
Verwischte Spuren,
damit niemand sie erkennt.
Neu jeder Schritt, jeder Flügelschlag.
Leichtfüßig, schwebend,
betrittst du jungfräulichen Boden.

Schmetterlinge lieben Farben,
bunt flattern sie durch die Welt.
Niemand bestimmt ihren Weg,
der sie in Leichtigkeit trägt,
durch ein silbernes Farbenmeer,
in den Sommer ihres Lebens.

Schau in den Spiegel – das bist du!
Entfalte deine neuen bunten Schwingen,
hab keine Angst.
Und jetzt flieg, kleiner Schmetterling,
denn es ist Sommer geworden.

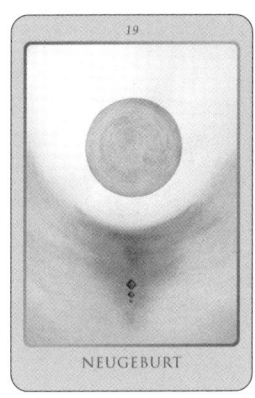

Die kleine Trauerfrau spricht:
So viel Wandlung ist in dir geschehen. Siehst du die Veränderungen, die stattgefunden haben? Spürst du vielleicht eine ganz neue, feinere Sensibilität?

Verwechsele sie bitte nicht mit Schwäche! Diese Sensibilität ermöglicht dir eine viel größere Wahrnehmung, als du sie vorher jemals hattest. Sie sagt und zeigt dir auch, wenn du mehr auf dich und deine Bedürfnisse achten solltest.

Ebenso läßt sie es nicht mehr zu, daß andere Menschen deine Grenzen übertreten. Traust du dich jetzt, in dieser neuen Art in die Welt hinauszugehen? Laß dir Zeit, mache ganz kleine Schritte. Gewöhne dich erst selbst an dein neues Ich und genieße die positiven Seiten, die du nun an dir feststellen kannst. Vielleicht hast du auch Lust auf äußerliche Veränderungen, etwa eine neue Frisur. Dann tue es. Setze Zeichen für deine Neugeburt!

Dein Zaubersatz:
»Ich zeige mich.«

20 · Selbstannahme

Mit deinem *Ja*
zu dir selbst,
zu all dem,
was du in diesem Moment bist,
egal ob du dich gut
oder schlecht dabei fühlst,
mit diesem *Ja*
entdeckst du das Wunder
in dir selbst.

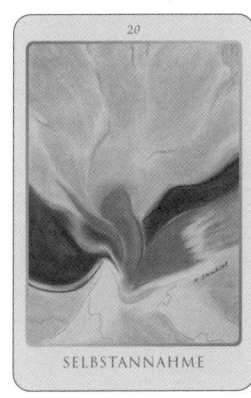

20

SELBSTANNAHME

Die kleine Trauerfrau spricht:
Verurteilst du dich manchmal selbst für Gefühlsausbrüche oder schwache Momente? Damit schadest du dir nur. Wenn du den Mut hast, dich jederzeit so sein lassen zu können, wie du gerade bist, dann vergeht diese ständige Anspannung, dich anders geben zu müssen, und du kannst wieder lockerlassen. Niemand darf dich zwingen, wie ein Roboter zu funktionieren. Wenn du dich ständig zusammenreißt, dann spürst du das Reißen bald in deinem ganzen Körper. Dann verspannst du völlig, wirst hart und unbeweglich.

Lerne, deine Schwäche zu zeigen und auch zu kommunizieren. Doch vor allem: Sag du selbst »Ja« zu dir und allem was in dir ist.

In diesem Annehmen wirst du offener für dich und damit auch für andere Menschen.

Dein Zaubersatz:
»Ich sage *Ja* zu mir.«

21 · Liebe

Wenn Liebe eine Farbe wäre,
und du ein Maler mit viel Herz,
dann zauberst du aus weißer Leere
dein Lebensbild voll Freud' und Schmerz.

Zuerst das Trauerschwarz aus dunkler Tube
mit Liebe kräftig angemischt
schenkt wohl Geborgenheit und Ruhe,
wenn auch das letzte Licht erlischt.

Wutrot, so aggressiv wie nie,
verleiht, mit Liebe gut versetzt,
dir leuchtend neue Energie,
wenn vieles dich noch oft verletzt.

Dem verschlingenden Braun der Erde,
gibt die Liebe das Leben zurück,
auf einer Wiese voll wilder Pferde,
erklärt sie den Lebenskreis und das Glück.

Zu guter Letzt mischt Liebe du
mit frischem Hoffnungsgrün,
setzt Tupfer noch aus Gold dazu,
und alles darf jetzt bunt erblüh'n.

Dein Leben liegt in deiner Hand
und sieh, du hast es selbst vollbracht,
das ist dein neu erschaffenes Land:
LIEBE in schönster Farbenpracht.

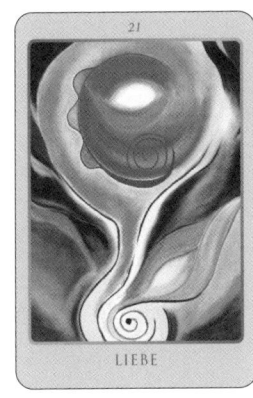

21

LIEBE

Die kleine Trauerfrau spricht:

Spürst du manchmal, daß dein verstorbener Mensch weiterhin bei dir ist und dich mit einer Liebe einhüllt, so daß du vor Rührung weinen mußt? Seine irdische Liebe hat sich nun durch den körperlichen Tod in eine umfassendere Liebe verwandelt, die alles aus einer viel weiteren Sicht umhüllt.

Diese Liebe kannst du spüren und weitertragen in deine Welt, in deinen Alltag. Sie kann wirklich alles umfassen, auch die gesamte Palette deiner Gefühle.

Glaube an die Liebe und lasse sie ganz tief in dein Herz hinein. Auf diese Weise bleibst du weiterhin mit deinem geliebten Menschen verbunden, es ist nur eine andere Ebene, in der ihr den Kontakt und die Verbundenheit haltet. Vertraue deinen Wahrnehmungen, denn sie sagen deine Wahrheit.

Liebe ist immer Wahrheit…

Dein Zaubersatz:
»**Liebe führt mich.**«

22 · Dankbarkeit

Vielleicht sind Jahre längst verstrichen,
da öffnet plötzlich sich ein Raum,
du gehst hinein und siehst dich um,
denkst, all das hier ist nur ein Traum.
Es hängen Bilder an den Wänden,
Erinnerung an schöne Zeit,
kein Schmerz mehr kann dich heut verwunden,
Dankbarkeit macht's Herz dir weit.
Der Raum ist licht dank vieler Kerzen,
entzündet von der Liebe Macht.
In leise Wehmut wandelten sich Schmerzen,
Erinnerung von den Wänden lacht.
In dir die Dankbarkeit schenkt Wärme,
schenkt Leben auch und neues Glück,
du weißt, in vielen stillen Stunden,
darfst du in diesen Raum zurück.
In deinem Lächeln glitzern Tränen,
weil du das Schöne plötzlich wieder sah'st.
Die Liebe, tief in deinem Herzen
sagt: Danke, daß du bei mir warst!

Die kleine Trauerfrau spricht:
Manchmal vergehen viele Jahre, bis deine Traurigkeit über den Verlust eines nahestehenden Menschen sich in Dankbarkeit wandelt. Dann ist da vielleicht eine leise Wehmut, aber der einst so unbarmherzige Schmerz ist weicher geworden, fast verschwunden. Dankbarkeit umhüllt dich wie eine weiche Decke.

Du lächelst und denkst an die vielen wunderbaren Momente zurück, die du mit diesem Menschen erlebt hast, und an das, was du durch ihn und seinen Tod lernen durftest. Ebenso bist du dankbar für deine Entwicklung, die die lange Zeit der Trauer mit sich brachte. Vielleicht hast du Lust, genau jetzt wieder einmal eine Kerze anzuzünden, um deinem Dank Wärme und Ausdruck zu verleihen.

In der Dankbarkeit liegt auch die Öffnung für Neues.

Dein Zaubersatz:
»Ich danke dir.«

23 · Leben

Willkommen sagt das Leben,
du bist wieder da.
Vorbei die Zeit,
in der alles Lebendige
einen Bogen um dich machte,
vorbei auch die Zeit
im schützenden Trauer-Kokon.
Neue Kraft, neuer Mut.
Und auf einmal spürst du es:
Ja, ich bin wieder da,
längst mittendrin
im Fluß des Lebens.
Ich gehöre wieder dazu,
aber in meiner neuen Weise.
Meine Augen blicken tiefer,
meine Sinne fühlen mehr,
mein Herz ist weicher,
es pulsiert
in einer unbändigen Lust
auf genau dieses Leben.
Ja, ich bin wieder da!

Die kleine Trauerfrau spricht:
Wunderst du dich manchmal im Rückblick eines Tages darüber, daß er von einer wohligen Normalität geprägt war? Du einfach mittendrin, ohne ständig an Schmerz und Verlust denken zu müssen? Dann freue ich mich sehr für dich und sage: »Willkommen zurück im Leben!«

Wahrscheinlich lebst du deinen Alltag nicht mehr auf die frühere Weise, aber glaub mir, das ist gut so. Denn du bist feinfühliger und achtungsvoller dir selbst gegenüber geworden, du spürst, wann und wie lange du Rückzug brauchst. Du sorgst mehr für dich und deine Bedürfnisse.

Genau das ist nun das Geschenk an dich. Dafür hast du all die Gefühle gelebt, gekämpft und so viel gelernt in der langen, schweren Zeit. Und nichts davon geht verloren. Du nimmst es jetzt mit in dein neues alltägliches Leben, das dich fast unbemerkt wieder zu sich zurückholte, um dich einzubinden mit deinen vielen wertvollen Erfahrungen.

Ich danke dir nun von ganzem Herzen, daß du dich mir anvertraut hast.

Dein Zaubersatz:
»Ich bin lebendig.«

61

24 · Melodie

Der Tod spielt eine wundersame Melodie,
die sich mit deiner nun vereint,
der Melodie aus deinem Herzen,
den Tränen, die du hast geweint.

Die Noten schrieb das Schicksal still,
bevor der erste Ton erklang.
In dem Moment, als Tod das Leben küßte,
erwacht zu traurigem Gesang.

Im Stillstand deines Zeitgefühls,
da wuchs die Melodie heran,
kraftvoll, verfeinert, klassisch, wild,
ein Spiegelbild das klingen kann.

Orchester, Chöre, fielen ein,
und was erst eine kleine Melodie,
erwächst im Strudel aus Gefühl
zu deiner Lebens- Symphonie.

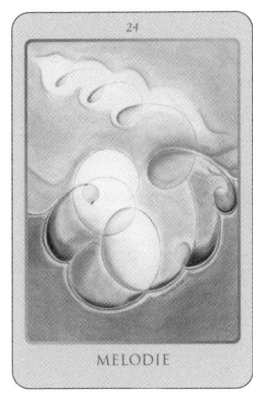

Die kleine Trauerfrau spricht:

Deine Lebensmelodie setzt sich aus vielen verschiedenen Tönen zusammen. Sie entsteht aus Gefühlen, Begegnungen, Schicksalsschlägen… Manchmal tönt sie leise, dann wieder laut, einmal in Dur und dann wieder in Moll. Und es gibt Zeiten, da denkst du, sie ist verstummt, weil dich nur noch Stille umgibt.

Doch dann verstehst du, dann erkennst du im Sinnbild deiner Melodie die natürlichen Zyklen und den Rhythmus eines Menschenlebens hier auf der Erde.

Jede Lebensmelodie ist einzigartig und individuell, auch wenn sie bestimmten Gesetzen folgt. Ich freue mich, wenn du eines Tages die Melodie deines Lebens mitsingst, sie anerkennst und liebst in ihrer Einmaligkeit, die du selbst erschaffen hast: ein Meisterwerk an Vielfalt und gelebten Gefühlen, die sich im großen Finale einer Symphonie zusammenfügen.

Dein Zaubersatz:
»Alles in mir klingt.«

Über die Autorinnen

Im Jahr 2008 kamen wir das erste Mal durch spirituelle Arbeit in Kontakt miteinander.

Wir telefonierten häufig, merkten, wie sehr sich unsere Gedanken, Erlebnisse und inneren Prozesse ähneln. Ein weiterer wichtiger Punkt: Wir konnten und können unglaublich viel und von Herzen miteinander lachen, haben denselben Humor. Obwohl wir von unseren Wohnorten her weit auseinander leben, entstand eine für uns schöne und wichtige Freundschaft. Wir telefonieren bis heute oft, teilen unsere Erlebnisse und Erfahrungen, helfen uns auch gegenseitig aus so manchem Tiefpunkt heraus. Das Thema »Trauerbewältigung« war von Anfang an ein zentrales Thema in unseren Gesprächen, und so hatten wir letztendlich die Idee, gemeinsam unsere Erfahrungen weiterzugeben. Wir möchten dir und anderen trauernden Menschen Mut zusprechen, ihren ureigenen Trauerprozeß anzuerkennen und zu leben.

Vielleicht helfen dir nicht nur die Karten und Texte, sondern auch unser eigenes Erleben dabei, dich verstanden und nicht mehr ganz so alleine zu fühlen. Deshalb erzählt nun im Folgenden jede von uns kurz ihre Geschichte.

Karin Steinhöfel (Jahrgang 1964)

Mein Leben schien ganz normal zu verlaufen: eine heile Kindheit, ein funktionierendes Arbeitsleben, später leider die Scheidung vom Vater meiner Kinder.

Danach lebte ich mit meinen beiden wunderbaren Jungs allein. Alles schien gut zu sein, so wie es war!

Bis zu dem Tag, als mein ältester Sohn das erste Mal versuchte, sich das Leben zu nehmen. Ein Schock, der aus heiterem Himmel kam! Vorher hatte ich nicht das Geringste bemerkt.

Von diesem Tag an war nichts mehr wie früher. Mein Leben sollte sich komplett verändern, und ich ahnte damals noch nicht wie sehr!

Es begann die schlimmste Zeit meines Lebens. Ein dreiviertel Jahr kämpfte ich um meinen Sohn, der mir jeden Tag aufs neue erzählte, daß er sterben wolle. Für mich wurde es eine Phase größten inneren Zerrissenseins, unbeschreiblicher Schmerzen, geweinter Tränen und der größten Angst und Hoffnungslosigkeit.

Jedoch war es auch eine Zeit voll tiefgehender Gespräche mit meinem Sohn, eine Zeit des Loslassens und der tiefsten Einblicke ins Leben allgemein – und immer wieder das Ringen und Flehen, daß es doch gut ausgehen möge!

Ich kämpfte, bis er es kurz nach seinem 18. Geburtstag trotz allem schaffte, sich mit einem inzwischen dritten Suizidversuch das Leben zu nehmen. Zunächst brach ich zusammen, alles erschien mir nur noch hoffnungslos und leer.

Völlig hilflos, blieb mir nichts anderes übrig, als mich diesem inneren Zerreißen zu stellen. Immer mehr erkannte ich, daß es mir hilft, mich der Trauer bewußt auszusetzen und sie nicht zu verdrängen. Aus heutiger Sicht war es für mich das einzige, was mir wirklich half, diese Zeit zu überleben.

Aus einem inneren Impuls heraus kündigte ich ein Jahr später meine sichere Arbeitsstelle in einem Unternehmen und zog mich für die nächsten Jahre fast vollständig aus allem Leben zurück.

Während dieses Rückzugs tauchten die verschiedensten Lebensthemen in mir auf, die angeschaut und erlöst werden wollten. Nicht immer hatten diese Themen allein etwas mit dem Tod meines Sohnes zu tun.

Bereits als Kind liebte ich Farben über alles und malte sehr gerne. Während meiner Rückzugsphase kamen die Lust auf Farben und das Malen zu mir zurück. Also begann ich, meine Gefühle und Zustände auf diese Art auszudrücken.

Wenn ich malte, dann war ich eins mit mir selbst und meinen Gefühlen. Dann ging es mir gut, und ich fühlte mich in meiner eigenen Welt geborgen. Schon bald bemerkte ich, daß die Bilder nicht aus meinem Verstand kamen, sondern aus geistigen Ebenen, die sich durch meinen schmerzvollen Weg geöffnet hatten.

So verwandelten sich meine Tränen nach und nach in Perlen.

Ich nahm mir die Zeit zu heilen und war fast ausschließlich nur für mich selbst da. Immer wieder wurde ich in eine innere Tiefe geführt, um zu fühlen, zu erlösen, um das Leben danach befreiter zu meistern.

Meine Trauer und meine Schmerzen öffneten mir die Türen in eine neue Welt; eine Welt voller Liebe, voller Achtung für mich selbst und andere, eine Welt tiefster Akzeptanz von »allem, was ist«.

Mit dem Gehen meines Sohnes wurde mir vom Schicksal nicht nur das Liebste genommen, nein, ich bekam tiefste Liebe in unglaublich vielen Facetten zurück! Mein Leben ist heute farbiger als je zuvor!

Diese Liebe und die Farben möchte ich von ganzem Herzen an Menschen weitergeben, die in einer ähnlichen Situation sind, wie ich es damals war.

»Alles soll gut werden!«

So wünschte ich es mir damals, und ich durfte feststellen: Manchmal wird es auf eine ganz andere Art und Weise gut, als wir es je vermutet hätten!

Petra Möller (Jahrgang 1968)

Bis zu meinem 19. Lebensjahr wurde mein Leben von einem harmonischen Familienleben und Geborgenheit geprägt. Doch dann nahm mein Vater sich auf Grund einer schweren Erkrankung das Leben. Im Vorfeld gab es dafür keinerlei Anzeichen. Zu diesem Zeitpunkt war ich bereits schwanger, hatte meine Eltern aber noch nicht darüber informiert. Fast zehn Jahre lang machte ich mir deshalb immer wieder Vorwürfe, weil ich glaubte, wenn mein Vater von seinem Enkelkind gewußt hätte, dann wäre diese Verzweiflungstat nie geschehen.

Knapp vier Jahre später verunglückte mein Mann tödlich auf seiner Arbeitsstelle. Von einer Minute auf die andere stand ich mit meiner damals dreijährigen Tochter und einem ungeborenen Kind im Bauch alleine da. Kurze Zeit später erlitt ich eine Fehlgeburt.

Meine Trauerzeit dauerte genau zwei Wochen; danach funktionierte ich tagsüber wie ein Roboter, ging arbeiten, kümmerte mich um mein Kind und weinte mich nachts in den Schlaf. Ganz selten redete jemand mit mir über die Verluste, und schon bald traute ich mich nicht mehr, von mir aus mit diesem Thema und meinen Gefühlen anzufangen. Meine einzige Überlebenschance damals bestand aus Verdrängung. Wie falsch das war und wie krank es mich psychisch machte, begriff ich erst lange Zeit später.

Niemals hätte ich es auf die längst zurückliegenden Trauerfälle zurückgeführt, als ich plötzlich nach mehreren Jahren immer wieder krank wurde. Was mit Erkältungen, Magenbeschwerden und Migräne anfing, steigerte sich zu einer ganzen Palette psychosomatischer Erkrankungen, die anfänglich weder von den Ärzten noch von meinem Umfeld ernst genommen wurden. Ich fühlte mich wie eine Versagerin, ein Schwächling, hatte ständig ein schlechtes Gewissen. Bei meiner Arbeit in einer Klinikapotheke machte ich nur noch Fehler, und zu Hause litt meine Tochter unter meinen Launen. Ein langer, schwerer Weg lag vor mir.

Letztendlich hatte ich es einer Psychotherapeutin zu verdanken, daß meine Symptome sowie meine beginnende Depression und Panikstörung doch noch ernst genommen wurden. Dadurch bekam ich eine Einweisung in eine psychosomatische Klinik. Dort wurde mir endlich geholfen. Einzeltherapie mit intensiver Trauerarbeit, Gruppensitzungen, Entspannungsübungen und auch der Umgang mit den anderen Patienten schenkten mir Unmengen Erkenntnisse und neuen Lebensmut. Eine Mitpatientin und ein Physiotherapeut waren damals meine ersten menschlichen Engel. Sie öffneten mich durch viele Gespräche für echte innere Arbeit und auch Spiritualität.

Nach der Klinikzeit kündigte ich meinen krankmachenden Job im öffentlichen Dienst und fing mit meiner Tochter ein völlig neues Leben an. Bis heute habe ich diesen Schritt nie bereut und sehe dankbar all die Fügungen, die mir bis heute auf dem Weg begegnet sind.

Ganzheitliche Heilmethoden, Trauerbegleitung und Psychologie faszinierten mich, ich absolvierte Ausbildungen und arbeitete dann freiberuflich damit.

Bis heute ist es mein Herzenswunsch, andere Menschen für eine echte Trauerarbeit zu motivieren und die Trauer nicht mehr in einen dunklen Keller der Verdrängung zu verbannen. Ich wünsche niemandem eine so lange Leidensphase, wie ich sie durchleben mußte. Meine wirkliche Trauerarbeit fing erst nach fast zehn Jahren an, also sehr spät. Aber dem Himmel sei Dank, nicht zu spät.

Was mich über die vielen Jahre begleitete und seelisch überleben ließ, war meine Liebe zum Schreiben. Unzählige Tagebücher, Gedichte und Briefe an meinen verstorbenen Mann halfen mir, nicht an meinen unausgesprochenen und ungelebten Gefühlen zu ersticken.

Heute führe ich ein glückliches, freies Leben – in Dankbarkeit für meinen Weg, der mich in diese neue Lebensart führte. Inzwischen achte ich meine Gefühle und gebe ihnen genug Raum.

Mein Vater und auch mein Mann haben mir durch ihren Tod ein sehr besonderes Geschenk gemacht: Ich wurde geschliffen, immer feiner, immer durchsichtiger. Dadurch lernte ich endlich, ein selbstbestimmtes, bewußtes Leben zu führen und nur das zu tun, was wirklich aus meinem Herzen kommt, ganz gleich, was das Umfeld darüber denkt.

Die Liebe meines Vaters, meines Mannes und auch die meines ungeborenen Kindes begleiten mich ständig auf diesem Weg.

Geständnis

Während der Arbeit an diesem Kartenset mußten wir – die wir dachten, längst alle Trauer überwunden zu haben – uns eingestehen, daß die Bilder und Texte tatsächlich auch uns selbst noch innerlich bewegen und einige »alte Reste« von Unerlöstheit ans Tageslicht zaubern, Emotionen hervorrufen.

Es erschien uns zuerst etwas verrückt, da wir dies ja alles selbst gemalt und geschrieben hatten, aber wir erkannten, daß Trauerarbeit immer weiter geht. Sie prägt das ganze Leben, geht in weitere tiefere Schichten unseres Seins, erfüllt uns mit immer mehr Gefühl und Liebe.

Karin hatte während unserer Arbeit am Buch zum ersten Mal seit dem Tod ihres Sohnes das Bedürfnis, ein Bild von ihm in ihr Wohnzimmer zu stellen. Vorher dachte sie doch tatsächlich, das sei bei ihr nicht notwendig, sie brauche das nicht. Während sie nun also einen schönen Rahmen für das Bild aussuchte, es liebevoll aufstellte, lösten sich noch einmal Tränen. Es war ein Gemisch aus Trauer, aber auch der Freude, jetzt endlich täglich in sein Gesicht schauen zu können, voller Dankbarkeit und Liebe.

Petra, die ebenso glaubte, alles sei nun nach zwanzig Jahren wirklich erlöst, bekam durch eine »Seifenoper« im Fernsehen einen Tränenausbruch und eine wunderbare Idee. Sie wollte anläßlich ihres einstigen Hochzeitstages die Eheringe von sich und ihrem Mann zum Einschmelzen bringen, um dann, ausschließlich aus diesem Gold, einen Schmuckring anfertigen zu lassen. Sie fand eine gute Goldschmiedin, die diesen Ring wunderschön werden ließ.

Am 20. Hochzeitstag steckte Petra sich ihn selbst mit vielen Tränen an den Finger und trägt ihn seitdem täglich als Glücksbringer.

Du spürst jetzt vielleicht, wie lange die Trauer um geliebte Menschen das Leben verändern kann, aber eben auch auf sehr positive Weise. Eins ist also sicher: Ein menschlicher Körper stirbt irgendwann, aber die Liebe, die uns mit ihm verband, sie lebt weiter und schenkt uns Kraft für Neues.

Wünsche und Tips

Das größte Problem unserer scheinbar so modernen Gesellschaft ist es, daß der Tod ausgegrenzt wird. Es gibt keine offene Trauerkultur, wie sie zum Beispiel bei Naturvölkern völlig normal ist. Der Tod verursacht eine ungeheure Angst und wird lieber verdrängt, anstatt ihn als ganz natürlichen Prozeß anzusehen. Unsere Gesellschaft hat sich unendlich weit von allem Natürlichen entfernt.

Wir wünschen uns mehr Aufklärung, Akzeptanz, mehr Gespräche zu dem Thema. Das sollte bereits in der Schule geschehen. Wenn Kinder ganz natürlich mit diesem Thema umgehen könnten, müßten sie als Erwachsene nicht in solchen starken Ängsten gefangen sein – die sie dann wieder an die nächste Generation weitergeben.

Durch die vorherrschenden kollektiven Ängste wird ein trauernder Mensch oft von außen gezwungen zu funktionieren oder sich abzulenken. Eine weitere Isolation geschieht durch Unsicherheit auf Seiten des Trauernden und der Helfenden, die durch die allgemeine Verdrängung dieses Themas ja erst auftrat. Wir wünschen uns für beide Seiten mehr Kommunikation, Ehrlichkeit und den entsprechenden Mut dazu.

Der trauernde Mensch sollte seine Bedürfnisse äußern dürfen, seine Bitten um Hilfe klarer formulieren, ohne Angst, abgewiesen zu werden. Vielleicht ist es manchmal ratsam, an alle Verwandten und Freunde einen Brief oder eine Rundmail zu schreiben. Es wäre eine Möglichkeit, in Ruhe all das auszudrücken, was jetzt in einem vorgeht und was man sich wünscht.

Die Angehörigen und Freunde, die oft selbst trauern oder unsicher im Umgang sind, könnten dann ganz anders reagieren. Ihre eigene Angst, etwas verkehrt zu machen, ist oft groß. Ihnen wünschen wir den Mut, immer wieder nachzufragen, was der trauernde Mensch jetzt für Bedürfnisse hat. Ohne Kommunikation entstehen Mißverständnisse und oft sogar Verbitterung.

Ehrlichkeit und Offenheit auf beiden Seiten kann dagegen das positive Band der Gemeinsamkeit verstärken, der Beziehung mehr Tiefe und Feinfühligkeit verleihen.

Es gibt in Deutschland inzwischen schon einige Menschen, die Pionierarbeit in Sachen Trauerbewältigung leisten. Aufklärung erspart künftig viel Leid. Wir würden jedem Trauernden, der im Umfeld keine wirkliche Hilfe findet, raten, sich professionelle und neutrale Hilfe zu suchen. Es gibt sie in einiger Vielfalt. Vielleicht ist eine Psychotherapie der richtige Weg, vielleicht auch Gespräche mit einem Trauerbegleiter, eine Selbsthilfegruppe oder ganzheitliche Heilmethoden, die dazu beitragen, daß ein trauernder Mensch sich selbst wieder spürt und das Gefühl von »Angenommensein« erfährt, so wie er gerade ist.

Es soll nicht Sinn und Thema dieses Buches werden, dies genauer auszuführen und doch war es uns wichtig, die Problematiken wenigstens kurz anzureißen.

Nun möchten wir uns von dir, lieber Leser, liebe Leserin, verabschieden.

Wir wünschen dir die Kraft der Einzigartigkeit und Echtheit für deinen Weg. Wir wünschen dir auch viele hilfreiche Hände und Herzen, die dich unterstützen in deiner Trauerzeit.

Aber am meisten wünschen wir dir, daß du eines Tages den Sinn des ganzen für dich erkennst und daß auch deine Tränen sich in funkelnde Perlen verwandeln. Denk daran: Du bist nicht allein! Liebe ist grenzenlos und frei, sie überwindet Hindernisse und Welten. Öffne dein Herz dem Unfaßbaren, und du wirst an deinem Schicksal wachsen, anstatt unterzugehen.

Wir danken dir, daß du dich uns für diese Zeit anvertraut hast!

Karin Steinhöfel und Petra Möller

IN MEMORIAM

IN MEMORIAM

IN MEMORIAM

In Memoriam

In Memoriam

In Memoriam

NEUE ERDE